Ohno Furyu Senryu collection

川柳作家ベストコレクション

大野風柳

墨をするだけの水が見当たらず

The Senryu Magazine
200th Anniversary Special Edition
A best of selection
from 200 Senryu writers' works

新葉館出版

川柳のささやき

結論から言えば、私は川柳によって育ち生かされてきたと言える。

あの小さな十七音の持つ不思議な力は私にとって何よりも重く、そして爽やかなものだった。

ことばで説明できぬほどの感謝と、そして喜びを与えてくれる。

初心の頃の川柳は七十年経った川柳よりも愛しくて可愛くて仕方ない。

川柳には〝上手〟〝下手〟というものが無いとさえ、それらの句は今も私にささやいてくれる。

川柳作家ベストコレクション

大野風柳

■ 目次

川柳作家ベストコレクション

大野風柳

第一章

小さな感動

合鍵のようにメガネを二つ持ち

青首の大根を切るあなた斬る

赤鬼を抱けば日本酒のにおい

秋の蚊に刺されまあまあまあいいか

握手好きな手だ大きな手だ

朝粥でよい美食家でございます

朝太郎が好きだったコーヒー店にひとり
アドバイスするに人さし指いらぬ
あなた誰ですかわたし恩師です

雨の駅妻がいそうな気で降りる

アリバイのような羊が一匹いる

ある町のある坂にいる旅ひとり

イエスマンになるなと豚の鼻動く

怒りから悲しみとなる菊人形

石段に数あり遠い遠い罪

忙しいのに白足袋をはく日本

一列のスリッパどこから履いたらいいのかね

一匹狼らしく血圧降下剤

一匹の虫が帽子の中にいる

一本の箸の叫びを聞いてやろ

五つ児のように球根五つあり

いつのまにか白鳥にあるつけまつげ

いなないた馬に故郷はすでに無し

犬小屋は吠えず奥さまは留守

犬と猫そしてねずみも手を組んだ
いのししが眠り風までも止む
いのししを横から攻めることにする

イヤリングしてしっかりと数珠にぎる

インフレを組みしいている香具師のひざ

牛二匹視線を避けたような位置

牛の眼とあえば牛から逃げてゆき

うすい毛に雪をのせてるユーモラス

うす墨で画く白鳥の白い首

右折禁止ますます金魚の糞のよう

歌よりも唄が大好き小雪舞う

梅干しにセリフがあった海征かば

うめぼしの種思い切り遠く投げ
裏側のかれいの白が泣いている
裏切ったように風花舞い上がり

裏切りませんひとりぼっちの枕

越後平野持主の家見当らず

エッチな足跡を残して白鳥

絵馬カタカタと笑ったのか泣いたのか

遠景の中に西瓜の朱がある

追い風にしばし押されている私

おけさ柿踏んで地蔵の前に出る

お賽銭コロコロと泣きコロコロと笑う

押し花に小さな風がやってくる

おしぼりのしぼりぼり不足の家風なり

落ち鮎が笑うどこかに皺がよる

おとろえていく平成のねずみの歯

おにぎりのときは埃りの中でよし

おにぎりを割ると梅干笑い出す

おみくじを読む早口のひとりごと

折り畳み傘がほんとに折れている

貝動く再び同じ道はなし

海岸の松に名のない日本海

海抜もここまで来ると寂しがり

鍵がかかるのを別室と呼んでいる

かけ算をして百畳とすぐ判り

風花のなかのひとつが従いてくる

風花のなかでぬくうい――体温

風よお前は帽子に恨みがあるか

カタカナで書けば白鳥渡り鳥

語りつくした大根がぶらさがり

合掌をする靴下の派手な色

かどまつのみどりが雪にまけていず
画鋲ひとつころころと見失い
神様がヒラリ降りたる此処平野

紙人形の帯がスッポリと落ちた

カリントのような羊の足二本

元日に生まれ信じてくれぬなり

元日の雪ですなぜかあたたかし

黄色い平野酒のんで来てなお黄色

喜劇見て喜劇のような顔で出る

北国に住みまっ青なバナナ食う

吉報の客はガラリと戸を開ける

来て欲しくない来て欲しい見舞客

喜怒哀楽に馬は歯を見せる

キャンセルの金をずうっと持ちつづけ

九回裏になって無駄な点をいれ

教育についておばさん笑うだけ

今日の運勢ぶらぶらすればよいとあり

切株に平らに積もる雪の愛

霧よ霧股間を抜けてもいいよ

句会に出かける車中で席ゆずる

孔雀よ孔雀そんなに無理をしなさんな

屑籠を押せばまだまだ入ります

くるくると造花はくるまれるものぞ

蛍光灯の紐はどれどれ俺が引く

化粧しない方がよいのにと黙って見ている

結局は使わずにいる夫婦箸

紅白の幕は頭にふれるもの

こつんとした感じで蝿が顔に触れ

この人もにんにく握手してみたし

ゴム印を持ってさてさて押すところ

賽銭をにぎりしめてる坂の道

笹舟がひっくり返るのを期待

寂しさは帽子を脱がず部屋にいる

三月の雪と闘う革靴ぞ

字余りのように大きな靴をはく

塩鮭が春という顔で着く

しげしげと見る全快の足の指

地獄耳にしてはいつもは笑い顔

自動ドア開かなかったらどうしよう

地盤沈下越後の米が塩辛い

しみじみと見るくたびれたズボンかな

写経終えてさてお煎茶かコーヒーか

ジャンケンに強い中年物語

週刊誌置き忘れたか捨てたのか

水族館ひとりで入り逆コース

すこうし派手なスーツの前に佇つ

墨をするだけの水が見あたらず

静止画像はこれだ一本あしの鶴

蟬しぐれカマボコ板が捨ててある

全身の力を抜いて亀が浮き

千羽鶴手抜きの鶴もあるだろう

その先の先につくしがつづいている

台風の道弓なりの日本地図

焚火している人生のかくれんぼ

第二章　つぶやき

たたかいはここにはじまりぬ握手

たったひとりが食当りしなかった

旅先で定価通りのくすり買う

誰にも言えぬ単身赴任の笑み

小さな小さなおどかし記念切手貼る

小さな暴力カオキシフルの泡

直角に机を変えて妻を背に

珍芸のような私の水枕

つかまえたおんどりピクピクピクピク動く

付添いの目はこわい目でやさしい目

つぶやきはもどってくるなやまびこよ

つむればいつも雪が輝く

鶴と亀やっぱり鶴の方がいい

てのひらのひよこが僕の手をつつく

手袋をいちいち外すクセがある

デュエットで歌う気持になりました

手をかざし見る平凡な河童

点滴を見上げる目玉から復す

天皇がいるわたくしがいる叙勲

ドアよりも障子の中を覗きたい

トイレ付個室の水の音もひとり

どうせすぐ止む霧の中を歩いている

どう見ても小次郎の方いい男

冬眠の顔の阿呆らしさを笑う

童話作家がホラホラ怒ったよ
とし甲斐もなく砂浜を駆けてくる
途中から見たマラソンのつまらない

飛べぬ鶴人間さまと仲がよい

ドラマは終った傘立ての傘

なぜか雪の屋根があたたかく見えてきた

ワンタッチ少うし強いかなと思う
なめた指で句箋の数をたしかめる
このたびは脇役だから踊ります

難問を解く二枚舌よありがとう

西日もいいなあだって無人駅だもの

日本に悲しみがある藁を焼く

にぶそうなのが警備の中に居る

菜の花へ降神の儀でござ候

なまはげのお面の裏側でニタリ

涙もろいから体重が更に減る

なんとなく少し疲れた靴が好き

女房の財布をあけて閉めている

にわとりの一羽二羽五羽数十羽

にわとりの万歳少し地を離れ

ネクタイを黙って渡す弔辞用

ねずみ三匹三角形を保ちつつ

ねずみびしょ濡れて人間に似る

年輪ってなあにたんぽぽ考える

年輪のごとき冬帽子であった

入るだけ入れた紙屑籠のかさ

白鳥が笑えば雪までも笑う

白鳥に小さな秘密水面下

白鳥の眠りの底の底の白

白鳥の文字白鳥に似る二月

葉桜をたくましく見るときもある
鳩の数数えるおろかなることよ
花束を形どおりに渡します

花の名は知らなくていい手に花を

パニックとなるそれもよし旅の雪

ババ語るフンフンフンと聞いてジジ

母の日に笑ってくれる母を持ち
母は竹光だった強かった
はやばやと門燈を消す何かある

パン食べて小さな贅の旅の朝

パン食べる老白鳥となりはてる

左手でよいさ握手を遊びます

人差指から衰えていく俺さ

ひらがなはこう書くものといろは坂

ファスナーが少し残っていませんか

風船の中の空気が泣いている

夫婦にあらず落ち鮎の二匹

不遇かと聞けば静かに妻笑う

複眼のひとつに写る己が罪

フグの腹漫画となって毒は無し

不戦勝決して笑ってはならぬ

筆洗うひとときわたくしを洗う

ふるさとの風に道あり花の種

古本の押花の正体は何

風呂敷を持って来たとは言いません

平凡と思うそれでも金魚買う

下手だなと思うかしわ手の響き

別室の花こっそりと水を吸う

蛇の舌喜怒哀楽のどれだろう

方言のひとつ残った消去法

放鳥の一羽の遅れ見守って
ほかのこと考えていて勝っている
ぼくが悪いかのごとく佐渡見えず

蛍も雪もみんな五七五でした

墓地へ来て鼻唄が出るとはいかに

骨抱いているいや妻抱いている

掘りごたつコーヒーが出て足を組み
舞うときもあるトイレットペーパーが
前頭筆頭にいて野党的

敗け白鳥だけが観光客へ寄る

マネキンに逃げ道などはありませぬ

丸刈りになった理由は暑いだけ

満腹になって寝て虎立って虎

水掬う片手の量は知れたもの

耳掻きがまんまるすぎてもの足りず

眠剤を飲んで計算しています

目ぐすりがゲームセットのように落ち

めんどくさいから商品券贈る

もう少しうまく書けないのかメニュー
盲導犬の方が老け込んでいる
森にいて森を抱いてるなどと言う

森抜けて来てのひらのひややかに

野党的になったと思う目をつむる

やはり古いのかなあ焚火に手

唯一つの味方わたしの冬帽子

雪自慢どしどし川へ雪を捨て

雪道はシッポを振ろうともしない

よだれとはかくありたしと牛がいる

落書をしてます自分史書いてます

両指で見事にはさむ秋の蠅

零対零より八対八がおもしろし

レモンうす切りに成功したそれだけ

老刑事なぜ白ヒゲを剃らんのか

六月に雪あり　朝太郎の世界

ロボットに老衰などもあって欲し

笑い話を笑わない人がいる

あとがき

私は「川柳を語る」多くの人と向き合ってきた、といま気付く。

師を持って学ぶことも大切だが、友として語り、そして学ぶことが私には多かった。

それは、若い集団でひとつの川柳社を盛り上げてきたからでもある。

つまり、主幹の私の周りは殆ど二十代の若手だったということ。

主幹は単なる中心で、先生ではなかった。「柳都」が七十周年を迎えることが出来たのは、それが原点だったと思う。

やがてその友は亡くなり、そして私ひとりが残った。

亡くなった友は私の体の中に住み込んで、いつもいつも「シュカン、シュカン」と呼んでいる。

私の主幹という呼び名には、私しか知らない無数の川柳作家の思いがある。

いまでも彼らは「主幹」と言って喜んでくれているに違いない。

いま、彼らが川柳を作ったとすれば、おそらく私以上の川柳を書くに違いない。

そういう化け物が、いまでも私を囲んで喜びあっているのだ。

「主幹の句はまだまだ甘いぞ」

「主幹は無理している。もう少し手を引いた方がいいのでは」

「奥さんの陰の援助を忘れないように」

「主幹は思う存分書くべきだ、遠慮などいらないよ」

などなど限りない声が聞こえてくる。

まさに、姿のない応援団体がいるのだ。

本当にありがたいと思う。ありがとうの一言では申しわけない思いもする。

私の主幹という立場は〝仲間〟だった。

「主幹!! もっと酒に強くなれ」という言葉が一番つらかった。しかし嬉しかった。

私が妻を亡くしたとき、私は大腸ガンで二回の手術の後だった。フラフラの状態だった。彼らはみんな泣いてくれた。言葉のない涙で手を握ってくれた。

私の涙は嬉し涙となった。ありがたい友達だった。

そうだ、友達だったのだ。その友達が正面から川柳をぶつけてくれた。

それから三十年経った。
つい筆が走って、書いたことのない一面を書いた。
そして、いま、見えないエネルギーが私にも湧いてきた。
「ありがとう」のことばで閉じる。

二〇一八年五月吉日

大野　風柳

●著者略歴

大野風柳（おおの・ふうりゅう）

本名・英雄。

一九二八年一月六日、新潟県生まれ。

一九四八年、二〇歳で柳都川柳社を創設し主幹となる。その他、一般社団法人全日本川柳協会相談役、『読売新聞』新潟版「越路時事川柳」選者、新老人の会川柳選者、日本現代詩歌文学館振興会常任理事、日本文藝家協会会員、日本ペンクラブ会員、TV・ラジオ川柳コーナーパーソナリティなど多数。

編著書に『浄机亭句論集』『浄机亭随想』『鑑賞・川上三太郎単語』一～五集、『句論集・風花』『五七五のこころ』『花る・る・る』『定本大野風柳句集』『しみじみ川柳』『白石朝太郎の川柳と名言』『うめぼし柳談』『川柳よ、変わりなさい！』『定本　大野風柳の世界』『川柳作家全集　大野風柳』『川柳を、はじめなさい！』『川柳は凄い』『柳儀―川柳七〇年目の境地』。

川柳総合誌『川柳マガジン』に「現代川柳時評」を好評連載中。

二〇〇三年、春の叙勲で木杯一組台付を賜与される。

川柳作家ベストコレクション
大野風柳
墨をするだけの水が見当たらず
○
2018年 6 月24日　初　版
著　者
大　野　風　柳
発行人
松　岡　恭　子
発行所
新 葉 館 出 版
大阪市東成区玉津1丁目9-16 4F　〒537-0023
TEL06-4259-3777㈹　FAX06-4259-3888
https://shinyokan.jp/
○
定価はカバーに表示してあります。

ISBN978-4-86044-923-0